RECUEIL
DE
POËSIES
DIVERSES.

M. DCCXXXIII.

AVERTISSEMENT.

CE Recuëil de Poësies paroîtra peut-être peu confiderable par le nombre de Pieces qu'il contient; mais s'il n'avoit que ce défaut, l'Auteur s'eftimeroit trop heureux: on a tâché du moins d'y jetter de la varieté. Si le Public reçoit favorablement ce premier Effai, l'on cherchera à raffembler dans un fecond ce qui peut avoir échappé à l'Auteur; finon il en fera quitte pour celui-ci, & l'on ne s'expofera point à l'ennuyer plus longtems.

TABLE DES PIECES

Contenuës dans ce Recuëil.

Le Triomphe des Mélophiletes, Idylle mise Musique, & dédiée à S. A. S. Monseigneur le Prince DE CONTI.   page 7

Les Progrez de la Peinture sous le Regne de LOUIS LE GRAND; Ode qui a remporté le Prix de Poësie, au jugement de l'Académie Françoise, en l'année 1727.   27

Les Progrez de la Navigation sous le Regne de LOUIS LE GRAND; Ode qui a remporté le Prix de Poësie, au jugement de l'Académie Françoise, en l'année 1729.   33

Poëme sur le même sujet.   39

Le Progrez de l'Art des Jardins sous le Regne de

TABLE.

Louis le Grand; Ode. 44

Les Progrez de la Tragedie sous le Regne de Louis le Grand, Ode. 50

Ode sur la Fête que Messieurs les Ambassadeurs & Plénipotentiaires d'Espagne, ont donnée à Paris le 14. Janvier 1730. par l'ordre de Sa Majesté Catholique Philippe V. à l'occasion de la Naissance du Dauphin. 56

A Mademoiselle D. C. pour le jour de sainte Magdelaine sa Patrone; Epitre en Vers libres. 67

Sur la Comedie de Momus Fabuliste. 70

Fragment sur les differens genres de Poësie. 71

Epitre à Monsieur le Marquis D. L. sur une Chatte qu'il aime, & dont il est extraordinairement aimé. 73

Chanson sur l'air de Joconde. Sur Mademoiselle D. T. qui aime éperdûment un Moineau franc. 76

Autre sur le même sujet. Sur l'Air: Ton hu-

TABLE.

meur est Catherine. 76

A Mademoiselle D. S. P. sur ce que l'Auteur qui ne sçavoit pas le jour de sa Fête, ne lui avoit point envoyé de Bouquet. 77

A Monsieur B. qui me demandoit un Madrigal pour sa Maîtresse. 79

A Madame la Présidente F. D. B. sur le jour de sa Fête. 81

CONTES.

La Robe de Capucin, Conte. 83

L'Urinal, Conte. 85

Le Spécifique, Conte. 91

Le Truchement, Conte. 98

Les Cerises, Conte tiré du Moyen de parvenir. 100

Le Bon Marché, Conte. 110

TABLE.

Pour Madame D. R. à M. l'Abbé D. T. L'Agonie agréable, Stances irregulieres. 112

Rondeau contre l'Anti-Rousseau de Gacon. 115

Autre sur un Dépit amoureux. 116

Fin de la Table.

LE TRIOMPHE DES MELOPHILETES,

IDYLLE EN MUSIQUE.

DEDIÉE

A SON ALTESSE SERENISSIME
MONSEIGNEUR
LE PRINCE DE CONTY.

A

SON ALTESSE SERENISSIME

MONSEIGNEUR

LE PRINCE DE CONTY.

OY que Minerve occupe en l'absence de
  Mars,
PRINCE, dont le goût sûr & les vives
  lumieres
Sçavent mettre à profit pour l'honneur des beaux Arts ;
  Le repos des Vertus Guerrieres.
Plus que de nos respects objet de notre amour,
  Toi, dont l'aimable caractere
Conserve sur nos cœurs un droit héréditaire :
Digne Sang du Héros à qui tu dois le jour,
  Apprens & pardonne une audace
  Qu'a fait naître en moi ta bonté ;
  La plus haute témérité
  Est la plus commune au Parnasse.

EPITRE.

Charmé des Progrés fortunés
Que fait sous tes yeux la Musique ;
Pour ses Amans passionnés,
J'entreprens un Essai Lyrique ;
Et sur un foible Chalumeau
J'ose chanter leur Triomphe nouveau.
Passe encore ; mais voici le trait inexcusable.
Longtems de ton mérite admirateur secret,
PRINCE, je m'imposois un silence discret ;
Attendant pour le rompre un instant favorable,
J'ai crû l'avoir trouvé ; mon zele séducteur
Embrasse avidement un prétexte flateur.
Pour s'affranchir de sa contrainte ;
D'un Eloge étranger mon cœur a sçû couvrir
L'Eloge qu'enchaînoient le respect & la crainte.
Hommage déguisé que je songe à t'offrir.
Quelle audace que cette offrande !
Mais loin de s'y borner, l'Eleve d'Apollon
La veut justifier par une autre plus grande,
En la mettant à l'abri de ton Nom.
Ma Muse avec ce stratagême
Pense acquerir plus finement
Le droit de te loüer toi-même ;
Et te loüer impunément.
Illusion frivole & bientôt démentie !
Quel est l'orgüeïl de mon projet ?
Pour qui loüe, est-ce assez du plus riche sujet,
Si sa plume n'est assortie

EPITRE.

De ces traits fins & délicats,
Qui même ne révoltent pas
La plus sévere modestie ?
Novice en ce grand Art, ce seroit abuser
Du droit que j'ai de tout oser.
Satisfait d'obtenir pour mes premiers hommages,
Un de tes caressans regards,
Inestimable prix des plus nobles Ouvrages,
Ma Lyre s'interdit d'audacieux écarts.
Oüi, PRINCE, en ses desseins plus sagement guidée,
Tout son essor sera borné
A cet Eloge détourné,
Dont un Concert brillant m'ouvre l'heureuse idée.
Je chante l'Harmonie & ses Adorateurs,
Pour mieux les célébrer j'interesse à leur gloire
Les Dieux & les sçavantes Sœurs,
Le Parnasse, le Ciel, consacrent leur mémoire
Par un concours de suffrages flateurs ;
Mais foible idée ! inutile entreprise !
Pourquoi leur mandier des honneurs fabuleux?
Vainement mon respect l'enfante & l'autorise,
PRINCE, leur vrai triomphe est ton amour pour eux.

PERSONNAGES.

APOLLON, Dieu de l'Harmonie.
PAN, Dieu des Forêts, Inventeur de la Flûte.
MERCURE.
POLIMNIE, Muse de la Musique Vocale.
EUTERPE, Muse de la Musique Instrumentale.
L'OMBRE DE LULLY.
L'OMBRE DE CORELLY.
UN MELOPHILETE.
UNE MELOPHILETE.
CHŒUR DE MELOPHILETES.

SUITE d'Apollon; les beaux Arts; Troupe d'Eleves de la Poesie; Troupe d'Eleves de la Musique, &c.

SUITE de Pan; Troupe de Faunes, de Sylvains, de Dryades, de Bergers, &c.

SUITE de Polimnie. SUITE d'Euterpe; Troupe d'Amateurs de l'une & l'autre Musique.

SUITE de Lully & de Corelly; Troupe des Ombres de ceux qui ont excellé dans leur Art.

La Scene est à Paris, dans la Salle du Concert où s'assemblent les Melophiletes.

LE TRIOMPHE
DES
MELOPHILETES,
IDYLLE EN MUSIQUE.

SCENE PREMIERE.
TIMANDRE, CLARICE, *Melophiletes.*
TIMANDRE.

Quoy! seule encore dans ces lieux!
Le Soleil cependant a fait place aux Etoiles,
Déja la sombre nuit a déployé ses voiles;
Qui peut donc retarder les Chants mélodieux
Qu'annonce l'appareil qui frappe ici mes yeux?
CLARICE.
O! charmante Harmonie!
Dans tes Amans quelle froideur!
Hâte leurs pas trop lents, seconde mon ardeur;
S'ils brûloient comme moi du feu de ton génie,
Bientôt je les verrois....

LE TRIOMPHE

TIMANDRE.

J'éprouve vos transports;
Venez touchantes Voix! délices des oreilles!
Nous faire entendre ces Accords,
Qui du plus doux des Arts expriment les merveilles;
L'Harmonie en ces lieux vous ouvre ses trésors.

CLARICE.

Sons enchanteurs! Voix ravissantes!
Des tendres Rossignols, rivales triomphantes!
Venez par vos divins accens
Enchaîner, à la fois, & nos cœurs & nos sens.

TIMANDRE.

Venez touchantes Voix! délices des oreilles!
Du plus charmant des Arts étaler les merveilles.

CLARICE & TIMANDRE *ensemble*.

Chantons pour charmer notre ennui,
Chantons cet Art divin, célébrons sa puissance;
Quels progrès depuis sa naissance!
Que d'illustres sujets il rassemble aujourd'hui!

Par des routes sûres
Il conduit au cœur;
De tendres blessures
L'en rendent vainqueur.

Tout cede à ses charmes;
Nos Voix & nos Luths

Fournissent

DES MELOPHILETES.

Fourniſſent des armes
Au fils de Venus.

TIMANDRE.

Le moderne Amphion * lui fit un ſort ſi beau,
Nul n'étendit ſi loin ſa Gloire & ſon Empire ;
  Chere Clarice ! j'en ſoupire !
L'impitoyable mort dans la nuit du tombeau,
Renferme pour jamais & le Chantre & la Lyre.

     * LULLY

CLARICE.

Ses chefs-d'œuvres, du moins, lui ſurvivent toujours,
Ainſi que nos plaiſirs, ils ſont notre modele ;
  Timandre, un ſi puiſſant ſecours
Aſſure à l'Harmonie une gloire immortelle.
  * Mais quels accens ! quels doux Concerts
  Se font entendre dans les airs ?

*Un Symphonie
phonie de
douce an
nence l'ar
ri ce de
Muſes.

SCENE II.

POLIMNIE, EUTERPE, & les Acteurs de la Scene précédente, auſquels ſe joignent tous les Mélophiletes. Suite de Polimnie. Suite d'Euterpe.

POLIMNIE.

Reconnoiſſez vos Souveraines,
 Vous qui ſuivez nos douces Loix ;
Accourez, hâtez-vous, que le chant des Syrenes
 Cede à la douceur de vos Voix.

B

LE TRIOMPHE
EUTERPE.

Des Arions & des Orphées,
Célebres Rivaux,
Les sçavantes Fées
Guident vos travaux ;
Vos soins pour leur gloire,
De vos Concerts nouveaux,
Assûrent la mémoire.

DIVERTISSEMENT

UN SUIVANT DE POLIMNIE.

Qu'une voix touchante a d'appas !
Que sans la beauté même elle fait de conquêtes !
C'est l'ame des Festins ; est-il d'aimables Fêtes,
Si la Musique n'en est pas ?

AUTRE SUIVANT, *Cantatille*.

Les Oiseaux dans nos Bocages
Célebrent leurs plaisirs par les plus doux ramages ;

Premiers Chantres de l'Univers,
Toujours favorisés, & cependant fideles,
De vos ardeurs mutuelles
Vous faites retentir les airs.

Par quels sons Philomele
Annonce le retour
De la saison nouvelle,
Où triomphe l'Amour.

DES MELOPHILETES.

Le Divertissement continuë.

PETIT CHŒUR.

C'est par les plus beaux Chants, qu'au Maître du Tonnerre,
Nous offrons les vœux de la Terre.

POLIMNIE.

Des bords du sacré Vallon
Nous venons en ces lieux répandre dans vos ames,
Ces transports, ces divines flammes,
Que nous recevons d'Apollon.

CHŒUR.

Venez, charmantes Sœurs, répandre dans nos ames
Vos transports, vos divines flammes,
Animez nos Chansons
De vos tendres Leçons.

UN SUIVANT D'EUTERPE. *Ariette.*

Ah! que ton Art, Muse charmante!
Offre aux tendres Amours
D'agréables secours!
Qu'il plaît! qu'il enchante!
Quel autre sert mieux
La Gloire & les Plaisirs des Dieux!

AUTRE SUIVANT.

(*On entend un bruit de Guerre.*)

La Trompette Guerriere,
Pour courir aux hazards,
Ouvre la Barriere
Aux favoris de Mars;

LE TRIOMPHE

Elle appelle à la Gloire,
Elle annonce la Victoire.

AUTRE SUIVANT.

(*On entend un bruit de Chasse.*)

Partout des Cors bruyans
On entend les sons pénétrans ;
Ils animent la Troupe ardente
Que Diane conduit à travers les Guerets,
Pour faire aux Hôtes des Forêts
Une Guerre innocente.

DIVERTISSEMENT.

POLIMNIE.

Que votre ardeur se renouvelle ;
Sensible à vos efforts, charmé de votre zele.
Apollon va bientôt paroître dans ces lieux ;
Quel sort pour vous ! quelle gloire suprême !
Notre Maître à vos Chants vient présider lui-même !
Et vous interessez les Muses & les Dieux ;
* Mais quel autre Dieu s'avance ?
De Flûtes, de Hautbois, les Concerts les plus doux
De Pan, sans doute, annonce la présence ;
C'est lui-même, il paroît......

Un petit Concert annonce arrivée de Pan.

SCENE III.

PAN, *Dieu des Forêts, Inventeur de la Flûte; & les Acteurs de la Scene précédente. Troupe de Faunes, de Sylvains, de Dryades, de Bergers, &c.*

PAN.

Nymphes, unissons-nous,
Comblons de nos faveurs des Sujets si fideles,
Répandons sur leurs Chants mille beautés nouvelles ;
Dans l'Art que j'inventai leurs étonnans progrès,
  Ont pénétré jusques dans mes Forêts.

EUTERPE.

  Souvent dans un séjour champêtre,
  Un d'entr'eux prélude au hazard,
  Sa Flûte m'enchante, & peut-être
  Qu'il te surpasse dans ton Art.

PAN.

Je le connois ; quels sons ! ils m'enchantent moi-même ;
Jamais lorsque Syrinx me fuyant sous les eaux,
Ne laissa dans mes bras que de tristes Roseaux ;
Eternels confidens de ma douleur extrême,
Mes amoureux sanglots, mes soupirs languissans
  N'en ont tiré de plus tendres accens.

EUTERPE. *Ariette.*

  Flûte aimable, quelle est ta gloire !
Fille d'un Dieu, ta Voix sur mille tons divers,

De ces feux à jamais célebre la mémoire ;
Tendre écho des soupirs ! ame de nos Concerts !
  Tu regnes dans les plus beaux airs,
L'Amour même, à tes sons, doit plus d'une victoire ;
  Ils sçavent peindre de nos cœurs
  Les saisissemens, les langueurs ;
  Flûte aimable, quelle est ta gloire !
L'Amour même, à tes sons, doit plus d'une victoire.

DEUX MELOPHILETES *aux Suivans de Pan.*
Dryades & Sylvains, vous qui formez la Cour
  Du Dieu qu'adore l'Arcadie,
Que des plus doux Concerts, l'aimable Mélodie,
Célébre ici l'honneur qu'il nous fait en ce jour.

DIVERTISSEMENT.

UN SYLVAIN.

  Pour oublier l'Histoire déplorable
De ses feux autrefois par le Destin trahis,
Pan s'occupe à toucher quelque Bergere aimable,
  Et bientôt d'un succès favorable,
  Ses soins & ses airs sont suivis.

UN BERGER. *Ariette.*

  Souvent dans son ardeur secrette,
  Comme ce Dieu, plus d'un Berger,
  A son Haut-bois, à sa Musette,
  A dû l'heureuse défaite
D'une Philis qu'il vouloit engager.

    Le Divertissement continuë.

DES MELOPHILETES.
UNE DRYADE.

Dans nos paisibles Retraites,
Les Danses, les Ris & les Jeux
Inspirent les plus beaux feux,
Et les ardeurs les plus parfaites;
 A l'ombre des Ormeaux,
 De tendres Chansonnettes,
 Au son des Chalumeaux,
 Disent nos Amourettes.

Menuet en Musette.

CHŒUR DE MELOPHILETES, *joints aux Suivans de Pan.*

Dieu des Forêts! tes nouveaux favoris
 De la Flûte que tu chéris,
 Rendront la gloire immortelle:
 Pour prix de tes bienfaits,
 Puisses-tu ne trouver jamais
De Vainqueur dans ton Art, ni de Nymphe cruelle!

PAN.

Poursuivez, chers Rivaux; loin de vous disputer
 Le prix d'un Art qui me doit la naissance,
Moi, qui sur Apollon tentai la préférence,
 Je ne viens que vous écouter.
 Mais quoi ? lui-même va paroître !
 Au vif éclat qui frappe ici mes yeux,
 On reconnoît le plus brillant des Dieux ;
Préparez un Concert digne de votre Maître.

PETIT CHŒUR.

 Apollon va paroître,
Préparons un Concert digne de notre Maître. *

*Une grande Symphonie annonce l'arrivée d'Apollon.

SCENE IV.

APOLLON, & *les Acteurs de la Scene précédente. Suite d'Apollon. Les beaux Arts. Les Eleves de la Poësie. Les Eleves de la Musique*, &c.

APOLLON.

Mortels, écoutez-moi !
Ce séjour desormais, objet de ma tendresse,
M'est aussi cher que les bords du Permesse,
Et que le Mont fameux où je donne la Loi ;
A l'honneur de vos Chants Apollon s'interesse,
Le Dieu du Jour veut être votre Roi.

Chœur.

Quel triomphe ! à nos Chants Apollon s'interesse !
Le Dieu du Jour veut être notre Roi !

APOLLON.

Par votre heureuse intelligence,
L'Harmonie en tous lieux étendra sa puissance ;
Non, jamais ses douceurs, source de mille amours,
N'ont mieux régné que de vos jours.

Depuis qu'un Prince issu du plus beau Sang du monde,
De vos talens que son ardeur seconde,
Fait son étude & ses plaisirs,
Qu'il en remplit les doux loisirs
Que lui laisse une Paix profonde ;
Il faut qu'à son amour votre zele réponde.

DES MELOPHILETES.

Petit Chœur.
Profitons des heureux loisirs
Que lui laisse une Paix profonde;
Cultivons à l'envi l'objet de ses plaisirs,
Qu'à son amour notre zele réponde.

APOLLON.
Le jour viendra trop tôt, que du sein des beaux Arts,
Dans les Combats, emporté par la Gloire,
Ce Prince, loin de vos regards,
Ira chercher Bellonne & la Victoire;
Joüissez de ses soins; célébrez à jamais
Les faveurs d'une heureuse Paix.

EUTERPE.
Combien sous ses heureux auspices
Va s'accroître cet Art, dont il fait ses délices ?

EUTERPE & POLIMNIE *ensemble*.
Tout cede à la douceur de nos Chants immortels,
Vainqueurs de la tristesse & des ennuis cruels.

(*Air.*)
Plus d'une fois nos Luths charmerent
Les noirs accès de la fureur;
Souvent leurs tendres sons calmerent
Les transports violens d'un cœur
Où régnoit le trouble & l'horreur.

POLIMNIE.
De nos Chansons, mille oreilles sçavantes,
Chérissent les beautez touchantes.

LE TRIOMPHE
DIVERTISSEMENT.

Un Eleve de la Poesie. *Cantate.*

Fille du Ciel ! doux langage des Dieux !
Tu nous ravis, tu nous enflâmes !
Transports divins qui saisissez nos ames,
Régnez à jamais dans ces lieux ;
Fille du Ciel ! doux langage des Dieux !
Tu nous ravis, tu nous enflâmes !
Mais qu'ici ta brillante Sœur,
De ses sons à ta voix unisse la douceur.

Le Divertissement continué.

Un Eleve de la Musique. *Ariette.*

A ton charme invincible,
Est-il un cœur qui ne soit pas sensible ?
Musique, à tes divins appas,
Est-il un cœur qui ne se rende pas ?

Du Dieu qui préside à la Table,
Tu rends les dons plus précieux ;
Son Empire en est plus durable,
Et son jus plus délicieux.

De Bacchus, & de l'Amour même
Tu rassembles tous les Plaisirs ;
L'Amant boit, le Bûveur aime,
Que manque-t-il à leurs desirs ?

DEUX ELEVES DE LA POESIE ET DE LA MUSIQUE
ensemble.

Aimables Sœurs! réünissez vos graces,
Que leurs heureux rapports
Conduisent sur vos traces
Les plus beaux traits, les plus sçavans accords.

POLIMNIE. *Cantate.*

Doux lien des Mortels! ô divine Harmonie!
C'est toi, qui du vaste Univers
Soûtiens les mouvemens divers;
Tout reconnoît ta puissance infinie:
Sans toi, sans tes célestes Loix,
Dans un triste cahos languiroit la Nature;
Les sauvages humains errans à l'avanture,
Vivroient encore dispersez dans les Bois.
Doux lien des Mortels! ô divine Harmonie!
Tout reconnoît ta puissance infinie;
Beauté! charme des yeux! souveraine des cœurs!
Vous relevez de son Empire,
Vous lui devez tout ce qu'inspire
L'assemblage touchant de vos attraits vainqueurs.
Doux lien des Mortels! ô divine Harmonie!
Tout reconnoît ta puissance infinie.

GRAND CHŒUR.

Protege, ô Dieu de la Lumiere!
Le plus charmant des Arts;
Tu lui dois tes plus doux regards;
Qu'il s'étende aussi loin que ta vaste carriere!

Que son Empire & notre amour
Se répandent par tout où tu répans le Jour.

APOLLON.

Muses, vos Conquêtes nouvelles
Doivent vous faire des jaloux :
Tout s'enflâme aujourd'hui pour vous;
Que les Chansons les plus belles
Célebrent un Destin si doux;
D'illustres Mortelles
Unissent dans ces lieux
La douceur de leur Voix au pouvoir de leurs yeux!
Mais que vois-je! Venus pour chanter avec elles,
Venus même a quitté les Cieux!

Que sa voix, ses appas rassemblent de merveilles!
Tant de charmes nous font douter
Ce qu'elle sçait mieux enchanter,
De nos yeux ou de nos oreilles?

TIMANDRE.

Combien de cœurs doivent se rendre,
Amour ! à ces doubles attraits !
Eh ! le moyen de s'en défendre?
Ce sont tes plus aimables traits.

Tu soumets nos ames sans peine,
Avec des charmes si puissans,
Tous les plaisirs forment ta chaîne,
Tu sçais enchanter tous nos sens.

DES MELOPHILETES.

EUTERPE & POLIMNIE *ensemble.*

Chantons nos Conquêtes nouvelles,
Tout s'enflâme aujourd'hui pour nous ;
Que les Chansons les plus belles
Célebrent un Destin si doux.

APOLLON.

Suspendez vos Concerts, Apollon vous l'ordonne. *   * Petit Prélude pour Mercure.

SCENE V.

MERCURE, *& les Acteurs de la Scene précédente.*

MERCURE à *Apollon.*

LEs Enfers par ma voix ont appris tes desseins,
Ils vont executer tes ordres souverains.

APOLLON.

Je t'entens.... chers Sujets, que rien ne vous étonne ;
L'Italie autrefois enfanta deux Mortels,
Pleins de mon feu divin, de mes douces yvresses ;
Ils ont de l'Harmonie épuisé les richesses ;
Dignes Fils d'Apollon, partagez mes Autels !
    Trop tôt la Parque meurtriere
    Osa terminer leur carriere ;
    Mais quand votre zele & vos soins
    Honorent si bien leur mémoire,
    Il ne manque plus à leur gloire,
    Que d'en être ici les témoins.

Sortez, illustres Ombres,
Sortez des Royaumes sombres;
Quittez pour un instant ces Bois délicieux,
Où par ma main vos Lyres couronnées,
De leurs Accords mélodieux
Charment les Ombres fortunées.

CHŒUR.

De notre zele & de nos soins,
Venez être ici les témoins;
Sortez, illustres Ombres,
Sortez des Royaumes sombres. *

* On entend une symphonie qui exprime un bruit soûterrain.

SCENE VI.

L'OMBRE DE LULLY, L'OMBRE DE CORELLY, & *les Acteurs de la Scene précédente. Troupe d'Ombres de la Suite de Lully & de Corelly, & qui ont excellé dans leur Art.*

APOLLON *aux Ombres.*

PAR mon ordre en ces lieux tout à coup transportés,
Voyez sur ce noble Théâtre,
De vos heureux travaux une foule Idolâtre;
Jugez si dans leurs mains vos Luths ressuscités,
Sçavent en rendre les beautez?

Aux Melophiletes.

Et vous que leur préfence anime,

DES MELOPHILETES.

Par de nouveaux efforts méritez leur estime ;
Signalez cette ardeur, ces soins que j'ai vantés.

Les Melophiletes executent quelques beaux Morceaux de Lully, comme la Passacaille d'Armide, &c.

L'OMBRE DE LULLY *à Apollon.*

Arbitre de nos Chants, Pere de l'Harmonie,
    Nous obéissons à ta Voix.
    Si nos travaux ont autrefois
    Charmé la France & l'Italie,
Nous devons ce bonheur à ton divin Génie :
    Mais aujourd'hui plus que jamais,
Au sort d'être immortels nos Noms doivent prétendre,
Et tu viens de combler leur gloire & tes bienfaits,
En formant les Sujets que nous venons d'entendre.

UNE OMBRE *Françoise de la Suite de Lully ; après un grand air de Violon dans le goût François.*

    Soumis aux rigueurs de la Mort,
Nos Ombres, dès longtems, ont passé l'Onde noire :
Mais nos Rivaux vainqueurs des outrages du sort,
Nous placent pour jamais au Temple de Mémoire.

L'OMBRE DE CORELLY *à celle de Lully.*

Par tout avec nos Airs, leurs Noms seroient chantés,
    Si de la Lyre Italienne,
Ils rendoient aussi-bien les sublimes beautez,
    Qu'ils ont rendu les douceurs de la tienne.

LE TRIOMPHE

L'OMBRE DE LULLY.

Quel climat leur est étranger ?
Non, des Graces qu'enfante & l'une & l'autre Lyre,
Rien n'échappe aux Sujets de cet heureux Empire,
Ecoute, & tu vas en juger.

Les Melophiletes executent une des plus belles Sonates de Corelly.

L'OMBRE DE CORELLY, *après un petit Prélude dans le goût Italien.*

Ils ont embelli leur modele,
En prêtant à nos Airs une grace nouvelle,
C'est nous rendre encor plus qu'ils n'ont reçu de nous ;
Mais bien loin d'en être jaloux,
Nous rentrons satisfaits dans la Nuit éternelle.

UNE OMBRE ITALIENNE *de la Suite de Corelly.*

*A l'Italia ogn'hor secondé
Fur lé bellé caste, Suoré
E fan Eco qualle spondé
A più voci, almé canoré
Che d'Orfeo l'Arté Imparar
Ma lé muse non Lacciaro
Senza Lauri il Franco stuolo
Nelle palme gl' intrecciaro
E fra, lor, scendendo a volo
Anche il canto gli donar.*

(*Imitation de l'Air ci-dessus.*)

D'Apollon, des neuf Sœurs nos Peuples favoris,

De

DES MELOPHILETES.

De l'Art d'Orphée emporterent le prix ;
Mais le fort de la France est d'être triomphante
  Dans le sein même de la Paix ;
Sur l'Italie encore sa Victoire éclatante,
De Lauriers immortels couronne ses Sujets.

SCENE VIIe & derniere.

APOLLON, PAN, LES MUSES, &c.

TROIS MELOPHILETES. *Trio.*

Quels suffrages plus éclatans !
Mânes fameux, recevez nos hommages,
 Nous ferons regner vos Ouvrages
 Dans tous les lieux, dans tous les tems.

APOLLON.

Disciples assidus, sur leurs traces brillantes,
 Imitez les Accords touchans,
 Exprimez les graces charmantes,
 Et de leurs Airs, & de leurs Chants.

PETIT CHŒUR.

 Régnez à jamais sur nos ames,
  Dieu des beaux Arts ! Divines Sœurs !
Dans nos Concerts répandez vos douceurs,
Que du Dieu de Cythere ils raniment les flâmes ;
  Dieu des beaux Arts ! Divines Sœurs !
Dans nos Concerts répandez vos douceurs.

GRAND CHŒUR.

Triomphez, divine Harmonie !
Charmez nos cœurs, tendres Accords !
Régnez, aimable Symphonie !
Remplissez vos Amans des plus heureux transports,
Triomphez, divine Harmonie !
Triomphez à jamais, aimable Symphonie.

F I N.

LES PROGREZ DE LA PEINTURE

SOUS LE REGNE DE LOUIS LE GRAND,

ODE;

Qui a remporté le Prix de Poësie, au jugement de l'Académie Françoise, en l'année 1727.

O Toy dont mon ame est saisie!
Soutiens son vol audacieux;
Descens, céleste Poësie!
Comble un espoir ambitieux;
Oüi, je sens ton divin délire,
Acheve! Aux Accords de ma Lyre
De tes Chants prête la douceur;
Ces Chants d'immortelle mémoire
Doivent seuls consacrer la gloire
Et les triomphes de ta Sœur.

Aux merveilles de son Histoire
Tout l'Olympe est-il asservi !
Alcide, Mars & la Victoire
Sur ses pas volent à l'envi ;
Quel est ce Guerrier intrepide ?
Son Char s'ouvre un Fleuve (c) rapide.
Est-ce le Souverain des Eaux ?
Le Rhin qui frémit de l'outrage,
Honteux d'une impuissante rage
Court la cacher sous ses Roseaux.

Aux pieds du Vainqueur en colere
Tombe le Batave (d) éperdu ;
Tu fléchis fastueux Ibére !
Je vois ton orgueil (e) confondu :
Quels Forts (f) menace la tempête !
A la valeur quelle conquête
Peut offrir un plus digne objet ?
Pallas que l'entreprise étonne,
A l'air du Héros qui l'ordonne
Voit le succez dans le projet.

(c) Le Passage du Rhin.
(d) La Hollande châtiée.
(e) La Prééminence de la France sur l'Espagne, reconnuë publiquement par son Ambassadeur.
(f) La Conquête de la Franche-Comté achevée en douze jours, & au fort de l'hyver.

Enfans (g) d'un effroi falutaire !
Etalez vos divins Portraits,
Vertu ! ton facré caractere
S'y peignit de fes plus beaux traits ;
Superbe Azyle ! Temple (h) augufte !
Prix magnifique autant que jufte
De la valeur de nos Guerriers !
Jaloux d'une gloire fi belle,
Chez toi plus d'un Rival d'Apelle
Ainfi que Mars a fes Lauriers.

De l'Art à qui je rends hommage
Quels fecrets nous ont échapé ?
Entre moi-même & mon Image (i)
Ici fe méprend l'œil trompé ;
Là fous nos doigts on voit éclorre
Avec les Dons brillans de Flore
Ceux de Pomone (k) & de Cerés ;
Ici des Bois & des Campagnes (l)
Trompent Diane & fes Compagnes ;
Pan croit être dans fes Forêts.

(g) Cloître des Chartreux peint par le Sueur.
(h) Dôme des Invalides peint par Meffieurs Jouvenet, Boulogne, la Foffe, Corneille, Coypel, P. &c.
(i) Le Portrait.
(k) Les Fleurs & les Fruits.
(l) Le Payfage.

Et toi, FRANCE, qu'ont embellie
Tant d'inestimables Morceaux,
Tu ne dois plus à l'Italie
Envier ses heureux Pinceaux ;
Si Rome compte ainsi qu'Athenes
Des Zeuxis & des Protogenes,
Noms célebres, Noms immortels ;
Grace à l'objet de tes loüanges,
Tu peux compter des Michel Anges,
Des Titiens, des Raphaëls.

PRIERE POUR LE ROY.

Dans tes mains, Dieu puissant ! tu tiens le cœur des Rois !
De l'Empire des Lys protecteur secourable,
Sur son Prince chéri jette un œil favorable :
Fais pour notre bonheur & sa gloire à la fois,
Que son Regne toujours soit le Regne des Loix ;
   Qu'Héritier du Héros que nos Chants éternisent ;
      Il soit à jamais comme lui,
      Des Arts qui nous immortalisent,
La plus noble matiere & le plus grand appui.

Ut Pictura Poësis erit. *Horat. de Art. Poët.*

LES PROGREZ
DE LA NAVIGATION
SOUS LE REGNE
DE LOUIS LE GRAND,

ODE;

Qui a remporté le Prix de Poësie, au jugement de l'Académie Françoise, en l'année 1729.

Ou m'entraîne Apollon ? Quelle immense carriere
  A frappé mes yeux effrayez !
Uranie & Clio m'ont ouvert la Barriere ;
  Je vois des chemins peu frayez !
Mais d'un illustre effort la Gloire est le partage ;
Si les périls sont grands, le prix l'est davantage.
  Vous qu'implorent dans leurs travaux,
Le vigilant Pilote, & l'Athlete intrépide,
Prêtez, divins Jumeaux ! à ma course rapide,
  Un feu vainqueur de mes Rivaux.

Tes Conquêtes, Loüis, tes Vertus, ta Sageſſe,
  Eterniſeront nos Combats;
Déja ſont épuiſez les Tréſors du Permeſſe,
  Mais ton Eloge ne l'eſt pas.
Les beaux Arts à des ſoins dignes de ta Puiſſance,
Ont dû tout leur Progrez, & ſouvent leur Naiſſance;
  Quel prodige excite nos voix!
Prince! as-tu gouverné les Vents & la Fortune?
Je vois au ſein des Mers l'indocile Neptune
  Contraint d'obéïr à tes Loix.

Ame de ces grands Corps dont l'étonnante maſſe
  Dépeupla de vaſtes Forêts;
Venez, nouveaux Tiphis! d'une plus ſage audace
  M'annoncer les heureux progrez;
Comment du Nautonnier les manœuvres ſçavantes
Font mouvoir à ſon gré ces Montagnes flotantes?
  Rapide & merveilleux accord,
De travaux oppoſez plus prompts que la parole,
Sa main tourne au Midi, ſans le ſecours d'Eole,
  Les flancs qui regardoient le Nord.

Argonautes (*a*) naiſſans, que Minerve raſſemble !
  Célebre Ecole des Héros !
Louis veut vous apprendre à dompter tout enſemble
  Et les Ennemis & les Flots :
Ses bienfaits chaque jour prodiguez ſur vos veilles,
De la Bouſſole encore accrûrent les merveilles ;
  Souvent trompé par les effets
D'une Aiguille jadis à des erreurs ſujette,
Le Nocher trouve enfin dans ſa double Roſette (*b*)
  Des calculs juſtes & parfaits.

Tout l'Olympe pour nous ſans ombres & ſans voiles
  Semble s'abaiſſer ſous nos yeux ;
Où n'a point pénétré, Confident des Etoiles,
  Notre commerce avec les Cieux ?
A vos regards perçans, modernes Zoroaſtres,
Le ſiecle de Louis a dû de nouveaux Aſtres. (*c*)
  L'Eclipſe, ou l'éclat de ces Feux,
Redreſſant ſur les Eaux nos Routes incertaines,
Nous guide ſans erreur juſqu'aux bornes lointaines
  De notre courſe & de nos vœux.

(*a*) Ecoie des Gardes-Marine établie par Louis XIV.
(*b*) Machine inventée ſous le Regne de Louis XIV. pour rectifier les Variations de la Bouſſole en quelques endroits de la Terre.
(*c*) Les Satellites de Saturne découverts par M. Caſſini, & appellez Satellites de Louis LE GRAND.

Quels précieux Métaux la Rive occidentale
  Nous a prodiguez fur fes bords !
Combien de fois chargez des Tréfors qu'elle étale
  Nos Vaiffeaux ont couvert nos Ports !
Au mépris du Naufrage & des Mers qu'il traverfe
L'amour de l'Opulence enfanta le Commerce :
  Mais auffi vifs que nos Befoins
Le Luxe & les Plaifirs aiguifent l'induftrie,
Et la France furtout, leur plus chere Patrie,
  En fait le plus doux de fes foins.

Tes Peuples (*d*) parvenus aux plus lointains Rivages,
  Et Citoyens de l'Univers,
Ont fait croître tes Lys en ces Climats fauvages
  Que notre fiecle a découverts.
Loüis ! du Monde entier, inftruit de ton hiftoire,
On vit les Souverains (*e*) rendre hommage à ta gloire.
  Que dis-je ! au fort de tes Vaiffeaux.
L'un & l'autre Neptune (*f*) à l'envi s'intereffent ;
Et l'ardeur dont ces Dieux à te fervir s'empreffent,
  Confond les Routes de leurs Eaux.

(*d*) Colonies Françoifes envoyées par ordre de Louis XIV. en divers Pays du Nouveau Monde.

(*e*) Ambaffadeurs de Siam, de Maroc, de Perfe, &c. envoyez à Louis XIV.

(*f*) Jonction des deux Mers par le Canal de Languedoc.

Les bords Iberiens, (g) les climats de l'Aurore
      Diront tes Exploits glorieux ;
Le superbe Ottoman a vû jusqu'au Bosphore
      Tes Pavillons victorieux.
Un Rivage (h) infidele ose braver la Foudre ;
Elle part... Deux Citez sont réduites en poudre.
      Toi qui partage ses Lauriers,
Digne Fils (i) d'un Héros ! Neptune de la France,
Dis ce qu'à ton exemple armez pour sa défense
      Ont fait tant d'illustres Guerriers. (k)

Que vois-je ? sur les flots que les Autans enlevent
      Les feux du Ciel sont descendus !
Ces flots, au haut des airs, en mugissant s'élevent ;
      Les Elémens sont confondus !
De la Mer en courroux les abîmes s'entr'ouvrent,
Du Ténare à mes yeux les routes se découvrent,
      Je vois l'Empire de la Mort !
Mais sa Carte à la main, le Pilote tranquile
Rit des Vents mutinez, de leur rage inutile,
      Et déja je suis dans le Port.

(g) Les Batailles de Malaga, de la Boyne, & autres données dans les Mers du Levant & aux Dardanelles.

(h) Bombardement d'Alger & de Tunis en 1682. par M. Duquesne ; & en 1688. par M. le Maréchal d'Estrées.

(i) M. le Comte de Toulouse.

(k) Messieurs les Maréchaux de Vivonne, de Tourville, d'Estrées, de Château-Renaud. Messieurs de Coetlogon, de Nesmond, Duquesne ; le Chevalier Jean Bart, de Pointis, Dugué Troüin, &c.

Un Peuple de Brigans proscrits sur ce Rivage (*l*)
      Survit à de noirs attentats :
Mais Themis leur impose un utile esclavage
      Qui nous sert mieux que leur trépas.
Ta prudence, Loüis, & tes hautes maximes,
Comme de la Vertu profiterent des Crimes
      Par d'impénétrables secrets.
C'est ainsi que des Dieux la sagesse suprême,
Fait servir la licence & le desordre même,
      A l'ordre écrit dans ses Décrets.

PRIERE POUR LE ROY.

LE plus parfait de tes Ouvrages
Occupé de ton culte & de tes droits sacrez,
Grand Dieu ! te fit connoître (*m*) à ces Peuples sauvages
Du reste des humains jusqu'alors ignorez :
Répans sur un Monarque, Héritier de son zele,
      Tes bienfaits les plus signalez.
Qu'un jour avec ton Nom sa Gloire se révele
      Aux Climats les plus reculez :
Mais pour prix des Vertus que ce Prince rassemble,
Accorde-nous, Seigneur, un Fils qui lui ressemble.

    Alter erit cum Tiphis, & altera quæ vehat argo delectos
    Heroas. Virg. Bucol. Ecl. 4.

(*l*) Les Galeres de Marseille | par Loüis XIV.
considerablement augmentées | (*m*) Les Missions Etrangeres.

POËME

Sur le même Sujet.

Remplis, Dieu des beaux Arts! mon ame toute entiere,
Et dicte-moi des Vers digne de leur matiere;
L'inepuisable objet de nos Concerts nouveaux
Nous impose aujourd'hui les plus nobles travaux:
Mais toi-même Thetis! dans l'ardeur qui m'inspire
Apprens-moi les secrets de ton liquide Empire,
Et jusqu'où d'un Héros plus fameux que ton Fils
Les soins ont élevé le grand Art de Tiphis.
L'ambition jadis par l'audace inspirée,
Sans respecter des Dieux l'Interprete (a) sacrée;
De ses Chênes détruits unissant les monceaux
Osa montrer aux Mers le premier des Vaisseaux.
Neptune épouvanté vit les fiers Argonautes
Affronter de ses flots les redoutables Hôtes,
Et couronnant des vœux par la valeur conçûs
Enlever à Colchos le Trésor (b) de Phrixus:
Mais de ces vieux Héros trop longtems orgüeilleuse,
Oublie, Antiquité! l'Histoire merveilleuse.
Le siecle de Loüis, des tiens victorieux,

(a) La Forêt de Dodone qui rendoit des Oracles.

(b) La Toison d'Or.

T'oppofe des Exploits plus grands, plus glorieux.
Des vaftes Régions par fes foins découvertes
Sur l'Ocean partout les Routes font ouvertes.
Juge fi les travaux que je te vais tracer,
Dans l'Art que nous chantons ont fçû te furpaffer.
A travers les écueils l'ignorance imprudente
Souvent précipitoit l'audace trop ardente,
Et longtems autrefois les aveugles Nochers
N'ont vû qu'en périffant les Bancs & les Rochers.
Mais nos yeux aujourd'hui dans l'Empire des Ondes
Percent l'obfcurité de fes Grottes profondes ;
Notre Art, nouveau Lyncée, enfeigne aux Matelots
Tous ces pieges affreux que leur cachent les flots ;
Et deformais Vainqueur des Vents & de l'Orage
Garantit nos Vaiffeaux d'un funefte naufrage ;
Nous franchiffons les Mers, Elément furieux,
Que de la Terre en vain féparerent les Dieux,
Et les nouveaux fuccez d'une heureufe induftrie
Déja du monde entier ont fait notre Patrie :
Loüis ! c'eft ton Ouvrage, & tes bienfaits divers
De leurs fruits précieux ont rempli l'Univers ;
Cent Peuples éloignez que le Deftin difperfe
Sont aux tiens pour jamais unis par le Commerce ;
D'une utile concorde il forme les liens,
Et le befoin confond leurs tréfors & nos biens ;
Tableau (c) de l'Univers, Enfant d'Anaximandre,

(c) La Mappemonde. Ana- | eft le premier qui en traça une,
ximandre Difciple de Thales, | & la fit voir.

POESIES DIVERSES.

Guide sûr du Nocher qui craint de se méprendre ;
De Cortez, de Vespuce, ingenieux Rivaux,
Combien vous ont accrû nos célebres travaux ?
Mais quel éclat surtout leur doit ce nouveau Monde
Qu'a si longtems caché le vaste sein de l'Onde ?
Le Sauvage (d) étonné nous voit dans ses climats
Braver un Ciel brûlant où les plus noirs frimats,
Echange avantageux des Terres qu'il nous cede,
L'Homme en lui par nos soins à la brute succede,
Et Rivale des Dieux, en lui donnant vos Loix,
FRANCE ! vous le créez une seconde fois ;
Mais déja parcourant l'un & l'autre Tropique
Nous avons pénétré jusqu'au Pole Antarctique ;
O vous ! Phéniciens qui jadis les premiers
Du Commerce des Mers ouvrîtes les sentiers,
Et de qui l'œil sçavant sur les Plaines liquides
Prit le Flambeau des Cieux & les Astres pour guides ;
Combien dans vos talens nos rapides progrez
Ont-ils de ce grand Art illustré les secrets ?
Malgré le rang superbe où l'Histoire vous place,
Apprenez qu'aujourd'hui la FRANCE vous efface,
Autant que son Héros, modele des grands Rois,
Des plus fameux Vainqueurs efface les Exploits,
Oracle des Nochers ! Interprete d'Eole !
Chef-d'œuvre des Humains ! merveilleuse Boussole!

(d) Colonies Françoises établies à l'Amerique, & dans tout
le Nouveau Monde.

Tes prodiges (*e*) éclos dans l'Empire des Lys,
Par ſes Peuples encor viennent d'être ennoblis,
De ton Aiguille enfin, conſtante, invariable,
Rien ne peut démentir la juſteſſe (*f*) admirable,
Et ſur le ſein des Mers dans la plus ſombre nuit
Partout & ſans erreur, ce Flambeau nous conduit;
Où ſuis-je ? eſt-ce un Mortel, eſt-ce un Dieu qui commande ?
Tout un Peuple attentif aux travaux qu'il demande,
Plus prompt que n'eſt l'Eclair qui traverſe les airs
Execute en cent lieux, cent mouvemens divers.
Mais quelle foule encor d'éclatantes merveilles
Des neuf Sœurs aujourd'hui ſollicite les veilles!
Quel ſpectacle pompeux nous étalent ces Ports
Où l'Art & la Nature épuiſent leurs efforts !
L o ü i s ! c'eſt le Berceau de ces ſuperbes Flottes
Dont Mars guida les Chefs ; Minerve, les Pilotes ;
Ici je vois Neptune au gré de mon Héros
Réünir des deux Mers les Tréſors & les Flots ;

(*e*) La double Roſette, Machine inventée ſous le Regne de Louis XIV. pour rectifier les Variations de la Bouſſole en certains Pays du Nord.

(*f*) Fauchet rapporte des Vers François de Jean de Provins, qui vivoit vers l'an 1200. leſquels font mention de la Bouſſole ſous le nom de la Marinette ou Pierre Mariniere ; ce qui montre qu'on la connoiſſoit en France avant les Napolitains, qui n'en ont fait uſage qu'en 1302.

La Fleur de Lys que toutes les Nations mettent ſur la Roſe au point du Nord, fait voir que les François ont inventé la Bouſſole, ou l'ont du moins conſiderablement perfectionnée.

D'un coupable Climat (*g*) les Villes foudroyées,
Et d'infames Brigans ses Rives nettoyées,
Signalerent surtout les invincibles mains
D'un Monarque attentif au bonheur des Humains.
Que vois-je dans nos Ports? (*h*) C'est peu que la Victoire
Du plus grand des Héros ait consacré la Gloire;
Un zele prévoyant, digne de sa Grandeur,
De la France à jamais assûre la splendeur;
A ses jeunes Guerriers plus d'une illustre Ecole
Enseigne à maîtriser les caprices d'Eole;
Talens qu'ils laisseront un jour à des Neveux
Qu'imiteront encor les Fils qui naîtront d'eux.

PRIERE POUR LE ROY.

Maître absolu de l'Univers!
  Toi! dont la Puissance immortelle,
Aux Enfans de Jacob ouvrit les vastes Mers!
Pour un Peuple à tes Loix plus soumis, plus fidele,
Signale ta tendresse & tes bienfaits divers;
  Conserve à cet heureux Empire
  Un Roi que ta Sagesse inspire;
Que de ce Prince, objet de nos plus tendres vœux,
Le Regne par tes soins soit tranquile & durable;
Des Maîtres de la Terre il est le plus aimable,
  Qu'il soit encor le plus heureux.

   Tibi serviat ultima thule. Virg. Georg. Lib. 1.

(*g*) Bombardement d'Alger & de Tunis.   (*h*) Ecole des Gardes-Marine.

LE PROGREZ DE L'ART DES JARDINS SOUS LE REGNE DE LOUIS LE GRAND;
ODE.

Qui me rappelle encore au séjour des Orphées ?
Le Pinde & ses Bosquets s'offrent à mes regards !
Mais je ne vois ici ni les sçavantes Fées
  Ni le Souverain des beaux Arts !
Une brillante Cour s'avance & m'environne,
Flore m'apporte un Luth que son Amant couronne
  De Lauriers, vainqueurs des Hyvers ;
Tiens, chante mes Attraits ; tu chanteras, dit-elle,
Et les rares faveurs, & la Gloire immortelle
  Du plus grand Roi de l'Univers.

Quelles fçavantes mains, ou quel divin Génie,
D'un informe Cahos fit fortir les Beautez,
Les Spectacles divers, la Pompe & l'Harmonie
  Dont mes regards font enchantez ?
Loüis parle, un Mortel, (a) miniftre de fa Gloire,
Soudain fur la Nature emporte la Victoire,
  Au fein des plus triftes Deferts.
Tout obéït, tout céde à ce Pouvoir fuprême,
Par qui, bravant leurs Loix, bientôt les Fleuves même
  Apprendront le chemin des Airs.

Où fuis-je ? Eft-ce la voix du Chantre de la Thrace
Dont les Sons tout-puiffans tranfportent les Forêts ?
Un Bois, (b) voifin des Cieux, a foudain pris la place
  D'un Champ ftérile, ou d'un Marais.
Je vois de cent Berceaux l'ingenieux treillage,
Sous leurs Cintres fleuris, leurs Voûtes de feüillage,
  Offrir des fpectacles charmans ;
Peryftiles, Sallons, Portiques, Pyramides,
Tout efface en ces lieux des Circez, des Armides,
  Les plus fameux Enchantemens.

(a) M. le Nautre.
(b) Ormes & Chênes les plus hauts, transportez en peu d'heures par les ordres de LOUIS XIV.

La Reine des Jardins, autrefois négligée,
Ne s'offroit qu'en desordre, & les cheveux épars;
Sur les regles de l'Art sa grace dirigée
  Brille aujourd'hui de toutes parts.
Des bienfaits de Loüis la Déesse orgueïlleuse
Admire, avec transport, l'adresse merveilleuse
  Qui vient d'embellir ses Trésors :
Mais quel autre prodige, encherissant sur elle,
Etale à ses regards plus d'une Fleur nouvelle (c)
  Qu'elle ignoroit jusques alors ?

Flore à son jeune Amant, sur cent Lits de Verdure,
Montre de ses beautez l'assemblage éclatant,
Et change tous les jours d'attraits & de parure (d)
  Pour mieux fixer cet Inconstant :
Mais Ciel! où fuiras-tu ? quel bruit! quelles allarmes!
Les noirs Tirans du Nord vont détruire tes charmes!
  Ç'en est fait, Flore! tu péris!
Que dis-je ? un Art vainqueur, (e) quand ta perte est jurée,
Brave au gré de ses Loix les fureurs de Borée,
  Et l'Astre brûlant de Procris.

(c) Anemones, Tulipes, Oeillets, Pavots, &c. d'une espece nouvelle, & inconnuë il y a trente à quarante ans.

(d) A Trianon, à Marly & aux Thuilleries, où la décoration des Parterres & Plates-bandes change très-fréquemment.

(e) Les Serres & tout ce qu'on a imaginé pour mettre les Fleurs & les Arbustes à l'abri du grand froid & du grand chaud.

Vous, qui des Aquilons méprisez les outrages,
Gazons, (f) riche Tissu de Fleurs environné!
Votre brillant Email retrace les Ouvrages
   De Pénélope & d'Arachné.
Là regnent les Jasmins, le Myrthe, l'Anemone,
Et Flore, devançant les bienfaits de Pomone,
   Y répand ses dons précieux;
Délices du Printems, Troupe aimable & choisie
Qu'enfanterent les pleurs, (g) les feux, la jalousie,
   Ou des Déesses, ou des Dieux.

Dans Rome, dans Memphis, merveilles inconnuës;
L'Onde asservie aux Loix de nos heureux travaux,
Semble oublier son cours, & chercher dans les Nuës *
   Un centre & des chemins nouveaux.
Tantôt impetueuse, & tantôt plus tranquille;
Un Torrent (h) furieux, une Glace immobile (i)
   Se forme au gré de nos desirs.
Nayades & Tritons, par de tendres commerces,
Vous tracez dans les airs sous cent formes diverses
   Et votre amour & vos plaisirs.

(f) Parterres & Compartimens de Gazon.
(g) Narcisse, Hiacinthe, Adonis, & plusieurs Nimphes métamorphosées en diverses Fleurs.

* Eaux saillantes ou Jets d'eau.
(h) Cascades & Nappes d'eau.
(i) Eaux plates telles que le grand Canal de Versailles.

Loüis! dans tes Jardins, la Grece & l'Italie
Ont-elles transporté leurs Chef-d'œuvres divers?
Par un divin Cizeau la Nature embellie
   Rend Praxitele (*k*) à l'Univers;
Ornemens instructifs, j'y remplis ma Mémoire
Des traits les plus brillans que renferme l'Histoire
   De tous les tems, de tous les lieux.
Le Marbre.... mais ici tout parle, tout respire!
Par quel prodige encor le Jaspe, le Porphire
   Est-il animé (*l*) par les Dieux?

Mais des secrets de l'Art quelle étude profonde
Soumet (*m*) aux fruits divers par nos soins préparez
Du Soleil réfléchi, de sa chaleur féconde
   Et les aspects & les dégrez?
Là nous faisons sortir d'une Tige adultere (*n*)
Des Rejettons nouveaux, étrangers, que la Terre
   Dans son sein n'avoit point portez:
Pomone voit ses dons dans les mêmes Especes, (*o*)
De notre goût séduit, par d'heureuses adresses,
   Multiplier les voluptez.

(*k*) Girardon, Coisevox, Couscou freres, Puget, Vancleve, &c.

(*l*) Pigmalion étant devenu amoureux d'une très-belle Statuë qu'il avoit faite, pria les Dieux de l'animer, ce qui lui fut accordé.

(*m*) Espaliers & Contre-Espaliers.

(*n*) Entes & Greffes nouvelles de Fruits qu'on ne connoissoit point avant le Regne de Louis XIV

(*o*) La Quintinie, Directeur du Potager de Versailles, avoit fait des Greffes qui produisoient des Fruits doubles par leur nature & par leur goût; par exemple moitié Pêche moitié Abricot, moitié Poire moitié Pomme, &c.

Où

Où s'égarent mes yeux ? & par quelle induſtrie
S'étendent ces Jardins (*p*) où l'Univers finit ?
Mais de ces Lieux charmans l'exacte ſymetrie
  Sous un ſeul point les réunit.
Le Charme & le Tilleul, de leurs branches dociles
Y forment cent Boſquets, agréables aziles,
  Où Venus même tient ſa Cour.
Du barbare Térée oubliant les outrages,
La tendre Philomele, au fond de ces Bocages,
  Ne chante plus que ſon amour.

PRIERE POUR LE ROY.

GRAND DIEU ! dont la Terre & les Cieux,
Dont la Nature entiere annonce la Puiſſance !
Nous te devons ces Biens qu'étalent à nos yeux
  Ta Bonté, ta Magnificence :
Auguſtes Attributs que dans tous ſes Projets
  Loüis ſçut prendre pour modele.
L'Héritier de ſon Thrône, à ſes Leçons fidele,
Eſt comme lui, SEIGNEUR ! l'amour de ſes Sujets.
Puiſſe le calme heureux que goûte ſon Empire
  Faire fleurir de toutes parts,
Digne Ouvrage d'un Roi que ta Sageſſe inſpire,
  Et les Vertus & les beaux Arts.

 Si canimus ſylvas ſylvæ ſint conſule digiæ. *Vng. Ecl.* 4.

(*p*) Allées à perte de vûë.

LES PROGREZ DE LA TRAGEDIE SOUS LE REGNE DE LOUIS LE GRAND;
ODE.

Leve un moment sur moi ces yeux baignez de larmes,
Suspens! pour m'écouter, tes mortelles douleurs!
O toi! qui tour à tour dans le sein des allarmes
  Fais craindre ou pleurer des malheurs.
Jusques à la fierté de ton noble délire,
Eleve, s'il se peut, les accords de ma Lyre;
  Elle a des droits sur ton secours;
Je vais chanter les fruits de ces sçavantes veilles,
Qui sembloient réserver au Siecle des merveilles,
  Et ton triomphe & tes beaux jours.

Mais, quelle ombre au Tableau de ta gloire suprême !
Peindrai-je ce desordre, & ces tems ténébreux,
Où le Cothurne en proye à l'Ignorance extrême
  Eut le destin le plus affreux ?
Par d'indignes Enfans Melpomene avilie,
A mille traits, qu'à peine eût avoüez Thalie,
  Ne reconnut plus sa grandeur ;
De cette Majesté qui par tout se décele,
Ces Jeux extravagans qu'inventa le faux zele,
  Te dégraderent sans pudeur.

Quelle douleur t'inspire un Spectacle insipide ?
Esperois-tu jamais dans ces jours odieux
Du sublime Sophocle, & du sage Euripide,
  Revoir le Siecle glorieux ?
Un rayon va paroître, il entr'ouvre la Nuë ;
La triste obscurité par dégrez diminuë ;
  Doux présage d'un jour plus beau !
(*a*) Mariamne déja commente la Victoire,
(*b*) Sophonisbe l'annonce : & pour venger ta gloire
  (*c*) Venceslas sort du Tombeau.

(*a*) De Tristan.
(*b*) De Mairet.
(*c*) De Rotrou.

Enfin la Nuit s'efface ; une brillante Aurore
Du Soleil qui la suit devance la clarté ;
Elle fait entrevoir les Fruits qui vont éclore
    De sa féconde activité.
Voi Rodrigue en courroux, divine Melpomene,
Triompher à la fois du Pere de Chimene,
    Et d'un goût qui bravoit tes Loix :
De cette gloire encor tu n'es point satisfaite,
Je t'entens.... mais le sort pour la rendre parfaite
    Attendoit le plus grand des Rois,

Il paroît ; ç'en est fait, ta Victoire s'acheve ;
Loüis regne, & par lui Corneille & les beaux Arts;
Quel Aigle jusqu'aux Cieux rapidement s'éleve,
    Et se dérobe à nos regards ?
D'une aîle dans les airs, sans guide soutenuë,
Il se trace au sublime une route inconnuë,
    Tous ses Tréfors lui font ouverts :
Au prodige bientôt succede le prodige,
Il étonne la France, il l'entraîne ; que dis-je ?
    Il charme, il instruit l'Univers.

Auſſi Romain que vous, Héros! Maîtres du Monde!
Du ſoin de votre gloire il eſt toujours jaloux;
Et ſa Plume ſçavante, en nobles traits féconde,
  Par tout l'éleve juſqu'à vous:
Chef-d'œuvres immortels, qu'enfanta ce grand Homme!
Vous êtes aujourd'hui de la ſplendeur de Rome
  Les plus ſuperbes Monumens!
Horace! Cornelie! Héraclius, (d) Pompée!
Dites-nous ſi jamais ſon ame s'eſt trompée
  En vous prêtant ſes ſentimens?

Quelle douce harmonie enchante mon oreille,
Et pénetre mon cœur des traits les plus touchans?
Je retrouve, il eſt vrai, mes devoirs dans Corneille;
  Mais dans Racine mes penchans:
Oracle & favori du Souverain des ames,
Il nous dicte ſes Loix, il emprunte ſes flâmes,
  Son langage & ſes traits vainqueurs;
Confident des ſecrets que ce Dieu lui révele,
Il ſe fait vers la Gloire une route nouvelle,
  Et c'eſt la route de nos Cœurs.

(d) Dans Sertorius.

Qui fçait mieux accorder le Simple & le Sublime,
Toujours peindre le Vrai, mais toujours l'ennoblir !
Si le Héros s'enflâme, un Amour magnanime
   Surprend son cœur sans l'affoiblir.
Mithridate, Porus, & Pyrrhus & son Pere,
Paroissent-ils moins grands qu'Auguste & que Sévere,
   Après les plus rares efforts ?
Que je plains Phedre en pleurs, & même criminelle !
J'ignore ce qui frappe ou touche plus en elle
   De sa flâme ou de ses remords.

Tu reconnois sans doute à ces divins ouvrages
Des Grecs & des Romains les Rivaux triomphans !
Tu les dois, Melpomene ! aux augustes suffrages
   D'un Roi si cher à tes Enfans.
Celui-ci *, sur les pas de son illustre Frere,
Soutient le poids d'un nom que la France révere,
   Il en partage la splendeur.
Quel Eschile (e) nouveau dans l'horreur des allarmes
Sur mille objets sanglans sçait répandre des charmes ?
   Fait mes plaisirs de ma terreur ?

* Thomas Corneille. | (e) M. Crebillon.

Que d'Athletes encore entrent dans la carriere,
Des Maîtres de la Scene ambitieux Rivaux?
Cet (*f*) autre.... mais la Parque a fermé la barriere
    Ouverte aux plus heureux travaux.
Pénélope, Cyrus, (*g*) Œdipe, Tiridate,
Suivront chez nos Neveux, Pompée & Mithridate;
    Ils perceront la Nuit des Tems.
Nous retrouvons enfin ce célebre Théâtre,
Qui vit toute la Gréce enchantée, idolâtre
    De ses Spectacles éclatans.

PRIERE POUR LE ROY.

GRAND DIEU! qui des Tyrans punis les attentats
    Par des disgraces mémorables;
    Toi qui renverses leurs Etats,
De ton juste courroux Théâtres déplorables;
D'un Roi selon ton cœur, & fidele à tes Loix,
Ecarte les dangers, & les revers funestes;
Que l'Empire & les jours du plus sage des Rois
    Soient comblez des faveurs célestes;
    Que le bonheur de ses Sujets
Occupe à chaque instant ses soins & sa mémoire;
    Enfin, qu'attentive à sa Gloire,
La Justice toujours préside à ses Projets.

Et docuit magnumque loqui, nitique cothurno. *Horat. de Art. Poët.*

(*f*) M. de la Motte. | (*g*) M. de Voltaire.

ODE

Sur la Fête que Messieurs les Ambassadeurs & Plénipotentiaires d'Espagne, ont donnée à Paris le 14. Janvier 1730. par l'ordre de Sa Majesté Catholique Philippe V. à l'occasion de la Naissance du Dauphin.

Est-ce un charme trompeur ? au pouvoir des prestiges
    M'a-t-on livré de toutes parts ?
    Les merveilles & les prodiges
    S'offrent en foule à mes regards !
Suivi de tous les Dieux, le Maître du Tonnerre,
    Pour venir habiter la Terre,
    A-t-il abandonné les Cieux ?
C'est lui-même ; lui seul, vainqueur de mille obstacles,
    Pouvoit enfanter les spectacles
    Que nous étalent ces beaux Lieux.

De l'augufte Junon, brillante Meffagere, (a)
  Quel vif éclat peint tes Habits?
  Et fur ton Echarpe légere
  A femé l'Or & les Rubis?
De feux étincelans la Terre s'illumine;
  Daigne m'apprendre où fe termine
  Tout l'appareil de ce grand jour?
Jupiter, dans les foins d'une Fête fi belle,
  De quelque Déeffe nouvelle
  Veut-il encore orner fa Cour?

Mais non, ce que j'entens, ce que je vois paroître,
  M'offre de plus grands interêts;
  Pourrois je encor méconnoître
  L'objet de ces pompeux apprêts!
La FRANCE, de fon Fils célebre la Naiffance,
  Et la Paix, que fuit l'Innocence,
  Ramene avec lui tous les biens;
De fes fruits les plus doux, fource heureufe & fé-
conde,
  Des deux premiers Trônes du Monde
  Il éternife les liens.

(a) Iris.
Nota. Il devoit paroître un Arc en Ciel feint, dont les extrémitez auroient porté fur les deux cimes des Monts qui fervoient de Théatre au Feu d'Artifice tiré fur la Riviere. Cet Arc en Ciel eût fait un très-agréable effet; mais la machine manqua par la faute de l'Entrepreneur. Cependant elle eft reprefentée dans toutes les Eftampes qui ont été jointes à la defcription de la Fête en queftion.

Auguste Rejetton d'une Tige chérie !
Tout va s'unir en ta faveur ;
Déja la France & l'Iberie
N'ont plus qu'un langage & qu'un cœur.
PHILIPPE, avec transport, sur nos Rives déploye,
De sa tendresse & de sa joye
Les témoignages précieux.
Je vois paroître ici, Théâtre de sa Fête,
Ces Monts, (*b*) dont l'orgueïlleuse tête,
Semble se cacher dans les Cieux.

Mais quel enchantement sur les bord de la Seine
Les a tout à coup transportez ?
En vain par la puissance humaine
De tels efforts seroient tentez ;
PHILIPPE ! c'est des Dieux la merveille éclatante ;
Minerve a rempli ton attente,
Elle en fait son plus doux emploi.
C'est ainsi que Neptune, & le Dieu du Permesse (*c*),
Servoient, flattez par sa promesse,
Un Roi (*d*) moins célebre que toi.

(*b*) Les Monts Pyrenées.
(*c*) Ces Dieux bâtirent les murailles de Troye.
(*d*) Laomedon Roi de Pergame, Capitale de l'Asie Mineure.

L'ordre des Elémens, pour la Fête ordonnée,
    Va-t-il se confondre à ta voix !
    Ici la Nature étonnée
    Voit suspendre ou changer ses Loix :
Avec tous ses Trésors, (e) l'Amante de Zéphire
    S'établit sur l'humide Empire
    Dans la plus âpre des Saisons :
Borée, en frémissant, voit détruire son Regne,
    Surpris que Flore le contraigne
    A fuïr au fond de ses prisons.

Mais que vois-je ? ces Fleurs, sans perdre leur figure,
    Ces Arbrisseaux sont embrasez;
    Vulcain veut-il venger l'injure
    Des Aquilons tyrannisez !
Non, Flore, ta beauté, que le jour seul révele,
    Emprunte une grace nouvelle
    Du vif éclat de ces flambeaux ;
Tes Fleurs, en Feux brillans tout à coup transformées,
    Sur leurs Terrasses enflâmées
    En font des Spectacles plus beaux.

(e) Parterres, & Terrasses enflammées sur l'eau.

Pour le Coq déformais le Lyon perd fa haine,
  Prodige aux Siecles à venir !
  De l'Ebre enfemble, & de la Seine,
  On voit les Flots fe réünir :
La Nuit déploye en vain fes voiles les plus fombres ;
  Comment peut fortir de fes ombres
  Le jour qui frappe ici mes yeux ?
Le fuperbe Palais, (*f*) élevé fur ces Rives,
  Me peint, à des clârtez fi vives,
  Celui du plus brillant des Dieux.

※

BOÜILLON, fi dans ce jour, d'éternelle mémoire,
  Tu fers le zele d'un grand Roi,
  Son cœur t'affocie à fa gloire,
  L'éclat en rejaillit fur toi.
Le Chef-d'œuvre des Cieux, ton illuftre Compagne,
  Préfide aux Fêtes que l'Efpagne
  Confacre à l'Empire François :
PHILIPPE, qu'en ces lieux remplace la Princeffe (*g*),
  A tant de grace, & de nobleffe,
  A bien dû fon augufte choix.

※

(*f*) L'Hôtel de Boüillon fuperbement illuminé.

(*g*) Le Roi d'Efpagne avoit écrit a Madame la Ducheffe de Boüillon, pour la prier de faire en fon nom & à fa place, les honneurs de la Fête.

POESIES DIVERSES.

Qu'entens-je ? un feu soudain va nous réduire en poudre ;
    Quel bruit ! quel fracas dans les airs ?
    Les Cieux s'embrasent, & la Foudre
    Gronde au milieu de mille Eclairs !
Mais quel effroi nouveau ! du centre de la Terre
    La flâme, aliment du Tonnerre,
    S'échappe en lumineux sillons !
Du Vésuve entr'ouvert, vois-je les vastes Gouffres
    De feux, de salpêtres, de soufres,
    Vomir au loin des Tourbillons !

Dans l'Empire des Eaux, Dieu du sombre Rivage
    As-tu transporté les Enfers ?
    Viens-tu détruire le partage
    Du Souverain des Flots amers ?
La flâme (*h*) dans leur sein ; les Nayades tremblantes,
    Cent fois de leurs Grottes brûlantes
    Ont redouté l'embrasement ;
Depuis quand ? par quel Art ? l'Onde au Feu si contraire,
    Souffre-t-elle qu'un téméraire
    L'ose braver impunément ?

(*h*) Feux Grégeois qui brûlent dans l'eau.

Mais d'un Art séduisant m'égarent les merveilles,
    Grands Dieux! quelle étoit mon erreur!
    Quoi! pour mes yeux & mes oreilles
    Le Plaisir devenoit Terreur!
Des Astres, des Eclairs, agréables images,
    Loüis, ces Feux sont des hommages
    Rendus à ton auguste Fils.
Ainsi deux grands Etats, dans leurs tendres commerces,
    Chantoient, par cent bouches diverses,
    L'heureux présent que tu leur fis.

Tout retentit du son des bruyantes Trompettes,
    A qui se mêlent les Haut-bois;
    Quels sons! Echo tu les répetes,
    Pour les apprendre au Dieu des Bois;
Mais lui-même s'avance, avec les doctes Fées;
    Des Arions, & des Orphées,
    J'entens les sublimes travaux (1):
Plus prompte que l'Eclair, quelle main bienfaisante
    A mes yeux enchantez présente
    Des Objets, des plaisirs nouveaux?

(1) La Pastorale en Musique, executée dans un Salon de l'Hôtel de Boüillon.

Chere Euterpe, c'est toi ; ta divine harmonie
      Charme le Maître que tu sers ;
      Voix (k) ravissantes, Polymnie
      Guide elle-même vos Concerts ;
Quels doux frémissemens me saisissent encore !
      Les Rivales (l) de Terpsicore
      Forment les Pas les plus sçavans :
Les Graces sur leur Danse ont versé la noblesse ;
      Oüi, les Traits dont l'Amour nous blesse
      Ont des appas moins décevans.

Quel Cercle éblouïssant ! quelle auguste Assemblée
      Orne encor ce brillant Salon ?
      La pompe en ces lieux étalée
      Répond au séjour d'Apollon :
Comus conduit ici l'Abondance élégante,
      La Délicatesse piquante,
      Et l'aimable Diversité ;
D'un superbe Festin retraçant l'ordonnance,
      Avec ses Loix le Dieu dispense
      Les Trésors de la Volupté.

(k) Mesdemoiselles le Maure   (l) Mesdemoiselles Camargo
& Antier.   & Salé.

Vous, Reine, dont jadis la tendresse idolâtre
    A fait la Honte & les Destins,
    Maintenant, vaine Cléopâtre !
    Vantez vos célebres Festins :
Pour celui que l'Espagne à la France prépare,
    Ce que la Terre a de plus rare
    Les flots, les airs sont épuisez :
Cent Mets délicieux, qu'un Art sçavant déploye,
    Peignent l'objet de notre joye,
    Sous son Emblême déguisez.

Quel changement soudain m'ouvre un nouveau (*m*) Théâtre !
    Tous les Ministres de Comus
    Font place à la Troupe folâtre
    Qu'amene, & qu'inspire Momus :
Ici de mille objets, l'aimable bigarrure
    Reçoit les Loix & la parure
    Du Dieu qu'elle y vient honorer :
Le Masque séducteur l'un chez l'autre fait naître
    Ou l'embarras de se connoître,
    Ou le plaisir de s'ignorer.

(*m*) Le Bal.

POESIES DIVERSES.

Eſt-ce la jeune Hébé, par Jupiter choiſie,
  Pour verſer le Nectar aux Dieux,
  Qui nous prépare l'Ambroiſie, (*n*)
  Que l'on prodigue dans ces lieux?
Par un goût plus charmant, les Tréſors de l'Automne
  Jamais n'ont vaincu d'Erigone
  La réſiſtance & les mépris:
Glaçons, (*o*) qu'en fruits divers l'Art déguiſe & colore,
  Aux dons de Pomone, & de Flore,
  Vous ajoûtez un nouveau prix.

Ces Spectacles, PHILIPPE, à ta vaſte puiſſance,
  A ton grand Cœur ſont aſſortis;
  Moins d'éclat, de magnificence
  Parut aux Nôces de Thetis.
Ce tranquile ſéjour, aux charmes qu'il étale,
  N'offre point la Pomme fatale
  Qui cauſa de ſi grands revers:
Le DAUPHIN, cher objet d'une Fête éclatante,
  Nous garantit la Paix conſtante
  Qui va regner dans l'Univers.

(*n*) Les rafraîchiſſemens & les glaces de toute eſpece.
(*o*) Fruits glacez, ou glaces imitant des Pêches, des Abricots, des Poires, &c.

I

Quel Art, au choix heureux de ces galans Spectacles,
Unit encor la dignité ?
N'en doutons plus, à ces Miracles
Préside une Divinité :
Mais souvent, parmi nous, de sublimes Génies,
Dans leurs lumieres infinies,
Remplacent le pouvoir des Dieux.
J'apperçois deux (p) Mortels, favoris de Minerve,
A qui la Déesse réserve
Ses Trésors les plus précieux.

De PHILIPPE, en leur sein, l'auguste confidence
A versé les plus grands secrets :
L'Europe entiere à leur prudence
Remet ses plus chers interêts :
Leur zele ingenieux, attentif à ta gloire,
Grand Prince ! a gravé ta mémoire
Avec des traits dignes de toi :
Dans les apprêts divers d'une Fête pompeuse,
Dans sa splendeur majestueuse,
Le Ministre a montré le Roi.

(p) Messieurs les Ambassadeurs & Plénipotentiaires d'Espagne.

A MADEMOISELLE D. C.
POUR LE JOUR DE SAINTE MAGDELAINE,
sa Patrone ;

EPITRE
EN VERS LIBRES.

JE voudrois bien, OLYMPE, vous fleurir,
    Quelqu'autre un peu téméraire
    Voudroit peut-être le contraire,
Je le crois, mais passons ; que puis-je vous offrir !
    Nous autres Agenceurs de Rimes
    N'avons souvent rien de mieux à donner,
    Poëte & Gueux sont termes synonimes,
    Chez moi surtout, que Law & ses Maximes (*a*)
    Ont achevé de ruiner.
Vous présenter des Fleurs, l'Offrande est bien légere !
    C'est une beauté passagere,
    Qu'un seul jour voit naître & mourir ;
Recevez donc mes Vœux, c'est un don plus durable,
Formez par une estime & tendre & véritable,

(*a*) Ces Vers furent faits en 1721.

Avec moi seulement vous les verrez périr ;
   Oüi sans cesse je vous souhaite
   Une félicité parfaite ;
   Et puisque vous la méritez,
Mes Vœux du juste Ciel doivent être écoutez ;
   Voici pour la rendre complette,
A quoi des Immortels je fixe les bontez.
   Non moins aimable, non moins bonne,
   Que votre célebre Patronne,
Comme elle, joüissez des plaisirs temporels,
Et comme elle pourtant songez dans votre Automne
   A mériter les éternels.
N'allez pas, condamnant vos sens à l'abstinence,
   De tous les genres de plaisirs,
   N'imiter que sa pénitence,
   Ses pleurs & ses pieux soupirs ;
   Aujourd'hui combien de nos Belles
   A son premier destin fidelles,
Suppriment du dernier la triste austerité !
Ne soupirent jamais que pour la volupté,
   Et n'ont jamais été pour elles
Plus que pour leurs Amans, séveres ni cruelles !
Mais je n'approuve pas cette autre extremité ;
Il faut qu'en fournissant l'une & l'autre carriere
   La conformité soit entiere.
Goûtez le monde, Olympe ! avant que d'en sortir,
Avant que de livrer son ame au repentir
   Il faut bien y donner matiere ;

Sur un Dogme si clair qui peut me démentir!
Si j'exerce sur moi des rigueurs inhumaines,
   Je veux au moins sçavoir pourquoi;
C'est un principe sûr; la plus sévere Loi
A qui n'a point failli n'impose aucunes peines;
D'un mal, qu'on n'a point fait, ira-t-on se punir
   Par des jeûnes & des cilices?
Doit-on faire à son corps expier des Délices
   Dont il aura sçû s'abstenir?
Lorsque votre Patronne a versé tant de larmes
   Dans l'horreur d'un desert affreux,
C'est qu'elle avoit longtems éprouvé tous les charmes
   Des Plaisirs, des Ris & des Jeux.
   Oüi, Magdelaine pénitente
Est dûë à Magdelaine aux plaisirs indulgente.
J'expose à votre culte & l'un & l'autre objet;
Il est beau d'imiter un si rare Modele,
Mais Olympe! songez que pour pleurer comme elle
Il faut se préparer un semblable sujet.

SUR
LA COMEDIE
DE MOMUS,
FABULISTE.

Jusqu'ici l'aimable Thalie
N'avoit joüé que de simples Mortels,
Et dans mille Tableaux, ressemblans, naturels,
  Avoit exposé leur folie ;
  Ou si ses traits ingenieux
Oserent quelquefois s'élever jusqu'aux Dieux,
  De leurs foiblesses, de leurs vices,
Elle ne fit jamais que de légers esquices ;
Le timide respect arrêta son Pinceau :
  Fuzelier seul acheve le Tableau ;
  Là ce Peintre habile & sincere,
Sous les traits délicats d'Apologues sensez,
  Montre aux humains l'orgüeilleuse misere
  De tous ces Dieux follement encensez ;
Et lorsque de Momus les Censures badines
Développent le Cœur des personnes divines,
  Les bonnes gens l'un par l'autre piquez
  Sont l'un par l'autre démasquez.

FRAGMENT
Sur les differens genres de Poësie.

MA Muse peu formée au stile Satyrique
Avec plus de succez embrasse le Lyrique;
C'est ainsi qu'Apollon de diverses façons
Partage ses Trésors entre ses Nourriçons :
    L'un sur les pas de Melpomene
    Célébrant d'illustres (*a*) malheurs,
  En Vers pompeux étale sur la Scene
    Ses majestueuses douleurs.
L'autre (*b*) moins élevé, sçavant Peintre des mœurs,
Sous le masque riant de l'aimable Thalie,
L'utile à l'agréable élégamment allie,
Offre de ses Leçons le charme interessant;
Et dans mille Tableaux exposant leur folie,
Corrige les Humains en les divertissant.
    Rival (*c*) d'Homere & de Virgile,
Celui-ci des Héros chante les faits divers,
Et la Trompette en main va remplir l'Univers
    Des Exploits d'un nouvel Achille.
Moderne Anacreon, l'un (*d*) vante tour à tour

(*a*) La Tragedie.   (*c*) Le Poëme Epique.
(*b*) La Comedie.   (*d*) Le Lyrique.

Le Nectar de Bacchus & les Traits de l'Amour ;
Bientôt sçavant dans l'Art (e) que sur le Mont Rhodope
Enseignoit autrefois le Fils de Calliope,
  Des plus doux, des plus tendres sons,
Un Amphion nouveau réchauffe ses Chansons.
Cette autre Muse enfin, de la Satyre armée,
Fronde le mauvais goût, lui livre mille assauts,
Et sur celui d'Horace heureusement formée
  Sur les Vicieux & les Sots,
Répand les flots amers d'une bile enflâmée.
  Dans ce genre surtout, &c.

(e) Le Lyrique chantant.

EPITRE.

EPITRE.
A MONSIEUR
LE MARQUIS D. L.

Sur une Chatte qu'il aime, & dont il est extraordinairement aimé.

Point ne croyois à la Métempsicose,
Mais depuis peu m'avez desabusé ;
Bonnes raisons & suffisante cause
Me font souscrire au systême puisé
Dans les Ecrits que Pythagore expose.
Quand je vous vois ma Chatte caresser,
Flatter, baiser, ainsi qu'une Maîtresse ;
Quand je la vois à son tour s'empresser
A vous donner maints signes de tendresse ;
Vous contempler, vous faire les yeux doux,
Vouloir toujours être sur vos genoux ;
Bref, quand je vois la friponne de Chatte
Passer sur vous, & repasser la patte,
Sans nulle épingle & patte de velours,
Douter ne puis qu'objet de vos Amours,
Jadis la Chatte ait été Demoiselle
Pleine d'attraits, jeune, fringante & belle,

Brûlant pour vous de la plus vive ardeur ;
Croirois aussi qu'avez brûlé pour elle,
Mais qu'à la fin votre flâme infidelle
Fit la Pauvrette expirer de douleur,
Dont le Destin, touché d'un tel malheur,
Fit à l'instant l'ame de votre Amante
Passer au corps d'une Chatte charmante,
Mais non changer, & la voit-on toujours
Garder encor ses premieres amours.
Or apprenez comment se fit la chose,
En quatre mots, si vous le trouvez bon,
Je vais fonder cette Métamorphose.

  Quand Briarée, Encelade & Tiphon,
Avec Gias fiers Enfans de la Terre,
Au bon Jupin déclarerent la guerre,
A son secours maint Habitant des Cieux,
Mâle & femelle, accourt en diligence ;
En ce Combat chacun fit de son mieux
Pour repousser de l'effroyable Engeance
La vive attaque & les coups furieux ;
Mais vain secours ! en icelle Bataille
Rossez, poussez & d'estoc & de taille,
Les pauvres Dieux, crainte de plus grands maux,
Eurent recours à la prompte recette
De se changer en divers Animaux,
Et de chercher mainte & mainte cachette.
Dame Venus, en ce commun malheur,
Choisit, dit-on, la figure de Chatte

Aux yeux luisans, mignonne, délicate,
Poil velouté de diverse couleur,
Joli minois, agilité, souplesse,
Et les appas qu'elle avoit eus Déesse.
L'Egypte, alors le lieu de son séjour,
A la gent Chatte a fait longtems sa cour ;
Bien connoissez à la Dame Cyprine
Complexion très-encline à l'Amour,
En ce point seul ne changea la Poupine,
Chatte on lui vit des feux & des ardeurs
Dont elle alloit embrasant tous les Cœurs,
Cœurs de Matoux, troupe ardente comme elle,
Et lui rendant un hommage fidele ;
C'est pour cela qu'à des Chattes toujours
Sont comparez Gens à chaudes amours.
Or je reviens à ma These premiere,
Tout aussitôt qu'à certaine Cloris
Votre inconstance eut ravi la lumiere,
Jupin lui fit la faveur singuliere
De lui donner le destin de Cypris ;
Lorsque craignant de se voir assommée,
En belle Chatte on la vit transformée :
Voilà pourquoi vous la voyez, Seigneur,
Chatte pour vous avoir la même ardeur
Qu'elle avoit Femme ; il est de la justice
Que votre cœur au sien se réünisse,
De tous ses vœux voilà l'unique objet,
Et de mes Vers voilà le vrai sujet.

CHANSON.
Sur l'Air de JOCONDE.

Sur Mademoiselle D. T. qui aime éperdûment un Moineau franc.

PHILIS en baisant un Moineau
    Qu'elle aime à la folie ,
Songe aux ardeurs du Passereau ,
    A ce qu'on en publie ;
Elle voudroit que ses Galans
    Fissent tout ainsi comme ,
Ou que sans perdre ses talens
    Son Moineau devînt Homme.

AUTRE.
Sur le même sujet.

Sur l'Air : *Ton humeur est Catherine.*

AUTANT & plus que sa vie
Philis aime un Passereau,
Ainsi la jeune Lesbie
Jadis aima son Moineau ;
Mais de celui de Catulle
Se laissant aussi charmer,
Dans sa Cage sans scrupule
Elle eut soin de l'enfermer.

A
MADEMOISELLE D. S. P.

Sur ce que l'Auteur qui ne sçavoit pas le jour de sa Fête, ne lui avoit point envoyé de Bouquet.

Apollon qui n'ignorez rien,
Pour qui l'avenir le plus sombre
Fut toujours sans voile & sans ombre,
Par ma foi vous l'entendez bien !
Quand vous me connoissez pour l'aimable Uranie
A moi votre Disciple une estime infinie ;
Quand vous sçavez, grand Dieu des Vers!
Que je soupire dans ses fers,
Vous me laissez comme une bête
Ignorer le jour de sa Fête ;
Ne deviez-vous pas m'avertir ?
Et sur votre Lyre immortelle
Exprimer tout ce que mon zele
Pour son Objet me fait sentir.
Des Fleurs que nous cueillons aux bords de l'Hypocréne
La charmante Uranie attendoit un Bouquet,
Et se promettoit bien du penchant qui m'entraîne
D'entendre des neuf Sœurs l'agréable caquet,

Qui jamais en effet sçut mériter mieux qu'elle
  Et leur hommage & leurs douceurs ?
Qui mieux par une grace & simple & naturelle
  A sçû l'art de gagner les Cœurs ?
Comment donc réparer l'irréparable crime
  Que mon ignorance a commis ?
Quand pourrai-je acquitter le tribut légitime
Qu'exigeoient en ce jour les yeux qui m'ont soumis ?
  Je vous entens ! Souverain du Parnasse !
A tort, me direz-vous, mon esprit s'embarasse ;
Le devoir a ses jours, mais le Cœur n'en a pas ;
Lorsqu'un aimable Objet en a fait la conquête,
Tous les tems sont égaux pour chanter ses appas,
  Et tous les jours sont celui de sa Fête.

A
MONSIEUR B.
Qui me demandoit un Madrigal pour sa Maîtresse.

C'Est en vain que vous me pressez
De faire un Madrigal ou telle autre fadaise,
  J'appelle ainsi, ne vous déplaise,
Tous ces tendres jargons en rimes agencez;
  Doux propos où l'esprit se joue,
  Mais que le cœur dément & désavoue.
Cher Ami! même en Vers je ne sçais point mentir,
Pour bien parler d'amour il faudroit le sentir;
Pour moi qu'ont épuisé six lustres d'amourettes,
Vieux Barbon par Venus de Cithere chassé,
J'accorderois fort mal de galantes fleurettes
  Avec un cœur que les ans ont glacé :
Timante! cessez donc de harceller ma Muse
  Qu'une plus jeune incessamment s'amuse
A briguer en beaux Vers les faveurs de Philis,
A chanter le pouvoir des yeux d'Amarillis
Mais dispensez la mienne, & recevez l'excuse
Que tracent de mon front les rides & les plis,
A de graves sujets mon Apollon se voue,

Douceurs chez moi ne font plus de saison,
Mais œuvre philosophe & que Minerve avouë,
Solides sentimens dictez par la raison,
  Je sçai qu'aux bouillons de votre âge
  Un tel discours paroît sauvage,
  Ce n'est pas là ce que vous souhaitez,
Et ces graves propos rarement sont goûtez
D'un jeune Cœur qu'Amour retient dans l'esclavage :
Contr'eux il se souleve & je le sçai trop bien ;
  Mais enfin pour vous satisfaire,
  Je ne connois qu'un seul moyen
  Possible, c'est une autre affaire.
Il faudroit que le sort favorable à nos vœux,
  Ne fît qu'un homme de nous deux ;
Qu'il réünît en lui votre ardente jeunesse,
Avec ce goût des Vers & ce penchant heureux
Qui m'entraîne toujours aux Rives du Permesse.

A MADAME
LA PRESIDENTE F. D. B.
Sur le jour de sa Fête.

ADORABLE BELISE, illustre & digne Objet
  Du plus respectueux hommage !
Apprenez de mon Cœur l'ambitieux projet,
D'Icare dans les Airs c'est la parfaite image.
Séduite par l'espoir du succez le plus doux,
  Ma reconnoissance s'apprête
  A célébrer le jour de votre Fête
  Par un Bouquet digne de vous.
Je n'irai point dans l'Empire de Flore
  Ravir à la naissante Aurore
  L'heureux ouvrage de ses pleurs ;
Je veux vous présenter de plus durables Fleurs
  Que l'Hypocréne fait éclore :
  Mon Cœur sensible à vos bontez,
Trop aimables effets d'un charmant caractere,
  De vos brillantes qualitez ,
Veut rendre en ce beau jour Apollon tributaire ;
  Mais que prétend ma foible voix ?
Ose-t-elle chanter un mérite suprême ,
Quand les sçavantes Sœurs, quand leur Maître lui-même

Y penseroit plus d'une fois !
Laissons cette matiere à sa Lyre immortelle ;
De mon esprit la triste pesanteur,
Foible interprete de mon zele,
Peut-être en trahiroit l'ardeur ;
Ou si de votre goût je lui rappelle en vain
La délicatesse infinie,
Pour vous chanter, Belise ! animez mon génie
Du feu de votre Esprit divin.

www.ingramcontent.com/pod-product-compliance
Lightning Source LLC
LaVergne TN
LVHW050609090426
835512LV00008B/1418